ABC der Tiere 2
Arbeitsheft Sprachbuch

Herausgegeben von
Klaus Kuhn

Erarbeitet von
Klaus Kuhn
Kerstin Mrowka-Nienstedt

Name: ______________________________

Klasse: ______________________________

Mildenberger

Inhalt

● Sprechen und Zuhören ● Schreiben ● Richtig schreiben ● Lesen – mit Texten und Medien umgehen ● Sprache und Sprachgebrauch untersuchen

Nomen

S. 8, 9

Am Strand hat Malte viele Entdeckungen gemacht.

1. Ordne die Nomen richtig zu.

Menschen	Tiere

Pflanzen	Dinge

2. Finde für jede Spalte ein weiteres Nomen.

3. Welche Nomen hat dein Partner gefunden? Tauscht euch aus.

Bestimmter Artikel: der, die, das

S. 11

1. Schreibe die Nomen mit dem bestimmten Artikel auf.
   Bilde immer eine der-die-das-Reihe: der Strand – die Küste – das Ufer.

Küste – Strand – Ufer

Jahr – Woche – Tag

Schwester – Bruder – Kind

Kleid – Schuh – Hose

Schaf – Raupe – Rabe

Pflanze – Gemüse – Baum

2. Bilde eigene der-die-das-Reihen.

3. Stellt eure der-die-das-Reihen in der Gruppe vor.

1. Schreibe **ein** oder **eine** in die Lücken.

Aus dem Wasser krabbelt ______ Krebs.

Im Sand liegt ______ Schneckenhaus.

Mutter findet ______ Austernschale.

Über dem Wasser fliegt ______ Möwe.

Im Wasser schwimmt ______ Qualle.

Vater sucht ______ Muschel.

2. Dein Partner nennt ein Nomen mit dem unbestimmten Artikel **ein** oder **eine**. Bilde einen Satz.

3. Schreibe die Sätze von Aufgabe 2 auf.

Nomen-Probe

In diesem Text sind elf Nomen kleingeschrieben.

1. Unterstreiche die zehn weiteren Nomen und schreibe jeweils den großen Anfangsbuchstaben darüber.

2. Warum sind diese Wörter Nomen? Begründet.

F
Malte sammelt viele fundstücke am meer.

In einer keksdose bewahrt er muscheln und

schneckenhäuser auf.

Einen schuhkarton hat er wie eine schatzkiste angemalt.

Dort legt er schöne steine und schwämme hinein.

In einem marmeladenglas nimmt er sand mit.

3. Schreibe die Geschichte richtig auf.

Einzahl – Mehrzahl

S. 14

1. Finde zu jedem Nomen in der Einzahl das passende Nomen in der Mehrzahl. Schreibe sie mit dem Artikel **der**, **die** oder **das** auf: der Wald – die Wälder.

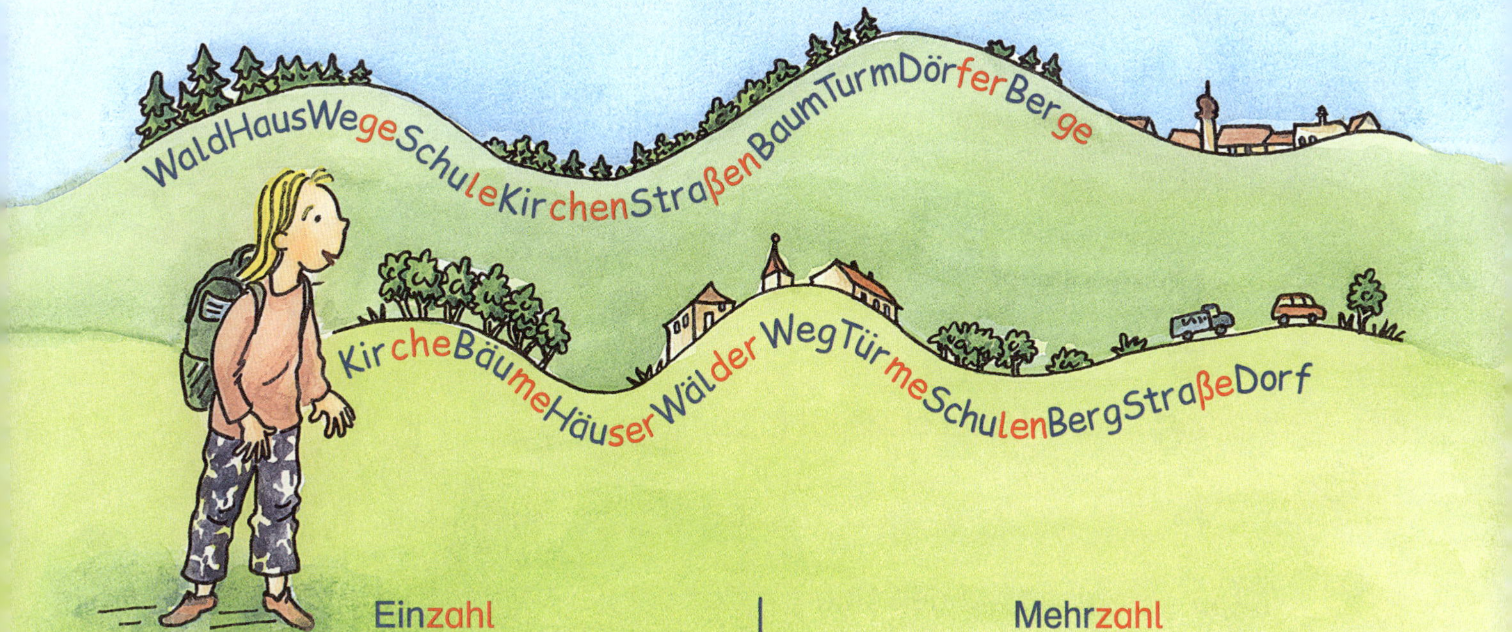

Einzahl	Mehrzahl

2. Wie heißt der bestimmte Artikel in der Mehrzahl?

Abc-Gedicht

S. 18

D E F

G H I

V W X

A B C

P Q R

M N O

J K L

S T U

Y und Z

Die flinke Katze

_______ –
Die Katze läuft im Schnee.

_______ –
Da hört sie ein Gekläff.

_______ –
„Der Hund erwischt mich nie."

_______ –
„Jetzt auf den Baum, ganz schnell!"

_______ –
Der Hund ist gar nicht froh:

_______ –
Das Klettern ist zu schwer.

_______ –
Jetzt hat die Katze Ruh.

_______ –
„Heut war ich wieder fix."

_______ –
„Auch war der Hund zu fett."

Katrin Herter

1. Ordne die passenden Teile des Abc zu.
2. Vergleiche mit deinem Partner.
3. Lerne das Abc-Gedicht auswendig.
   Trage das Gedicht in der Klasse vor.

Folge dem Abc

S. 19

Welches Tier will Hanna zeichnen?

1. Verbinde die Buchstaben in der Reihenfolge des Abc.

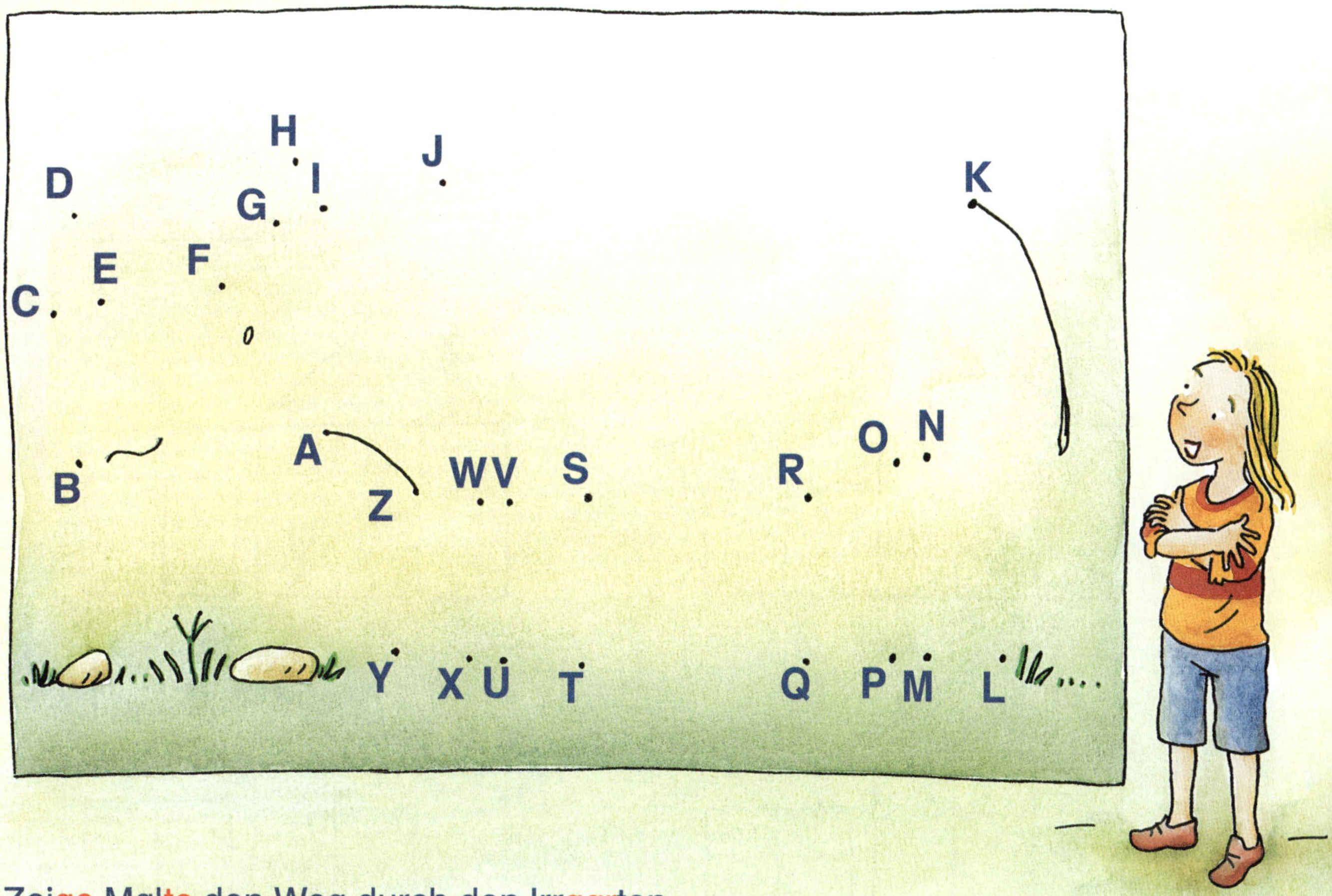

2. Zeige Malte den Weg durch den Irrgarten.

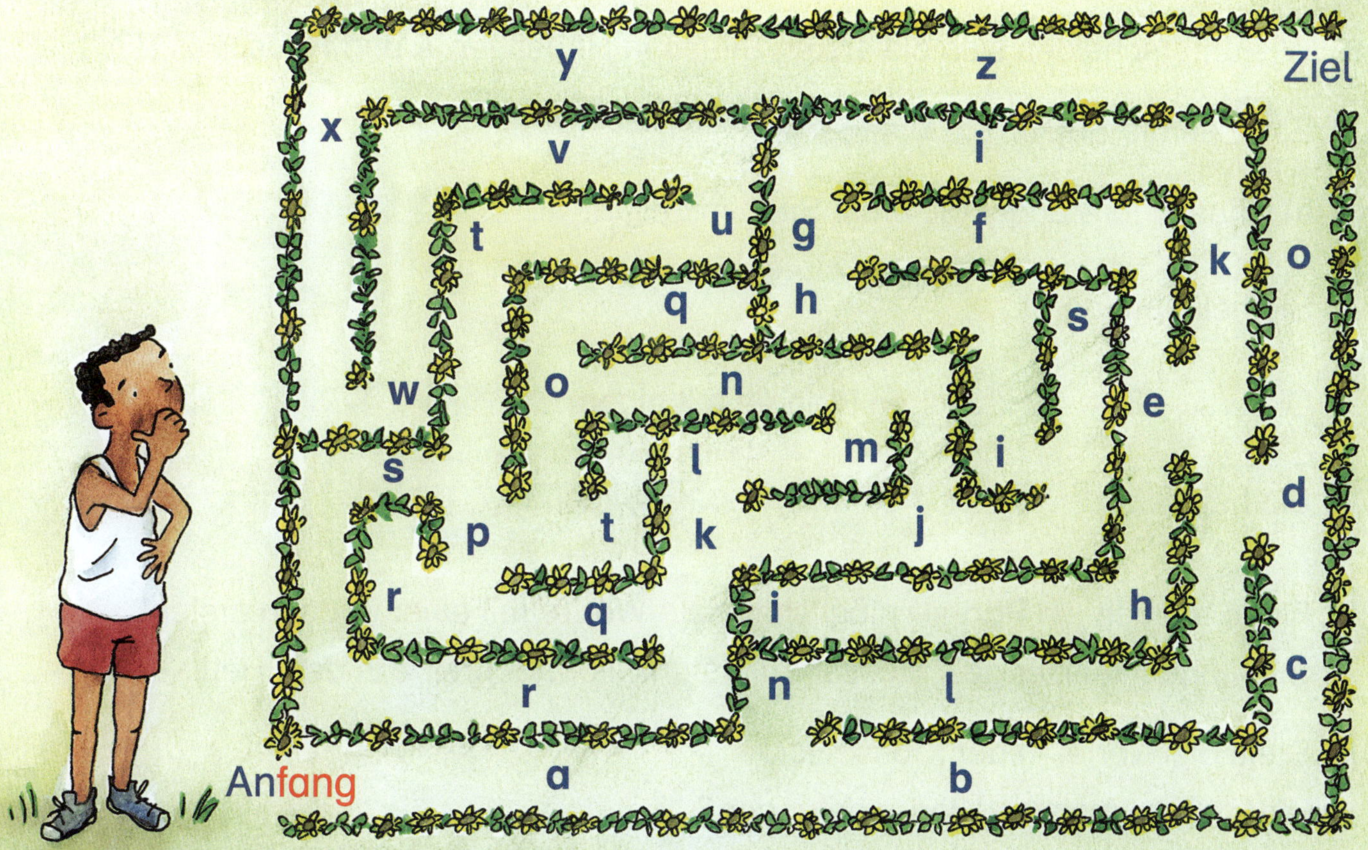

Erste Silbe: offen oder geschlossen?

S. 21

1. Schreibe die Wörter mit zwei Farben in Häuschen A oder Häuschen B.

Hase

Birne

Dose

Kiste

2. Wie unterscheiden sich die ersten Silben in Häuschen A und Häuschen B?

3. Ergänze die Sätze:

In Häuschen A endet die erste Silbe mit einem ______.

Sie heißt offene Silbe.

Die erste Silbe in Häuschen B endet mit einem ______.

Sie heißt ______ Silbe.

4. Finde mit deinem Partner möglichst viele Wörter mit einer offenen ersten Silbe und mit einer geschlossenen ersten Silbe. Schreibe in dein Heft.

5. Stellt die Wörter in der Klasse vor.
Wer hat die meisten Wörter gefunden?

1. Markiere die beiden ersten Buchstaben der Tiernamen.

2. Ordne die Tiernamen nach dem Abc. Beachte den zweiten Buchstaben.

Hund

Hase

1)

2)

Esel

Elefant

1)

2)

Kakadu

Krokodil

1)

2)

Fledermaus

Fisch

1)

2)

3. Warum ist bei diesen Wörtern auch der zweite Buchstabe wichtig?

4. Schreibe die Zahlwörter und die Seitenzahl des Wörterbuches auf.

Seite

2

4

5

Seite

6

7

9

Nomen oder Verb?

S. 27

Hier sind alle Wörter kleingeschrieben, auch die Nomen.

1. Färbe die Felder mit den Nomen gelb und die Felder mit den Verben grün.

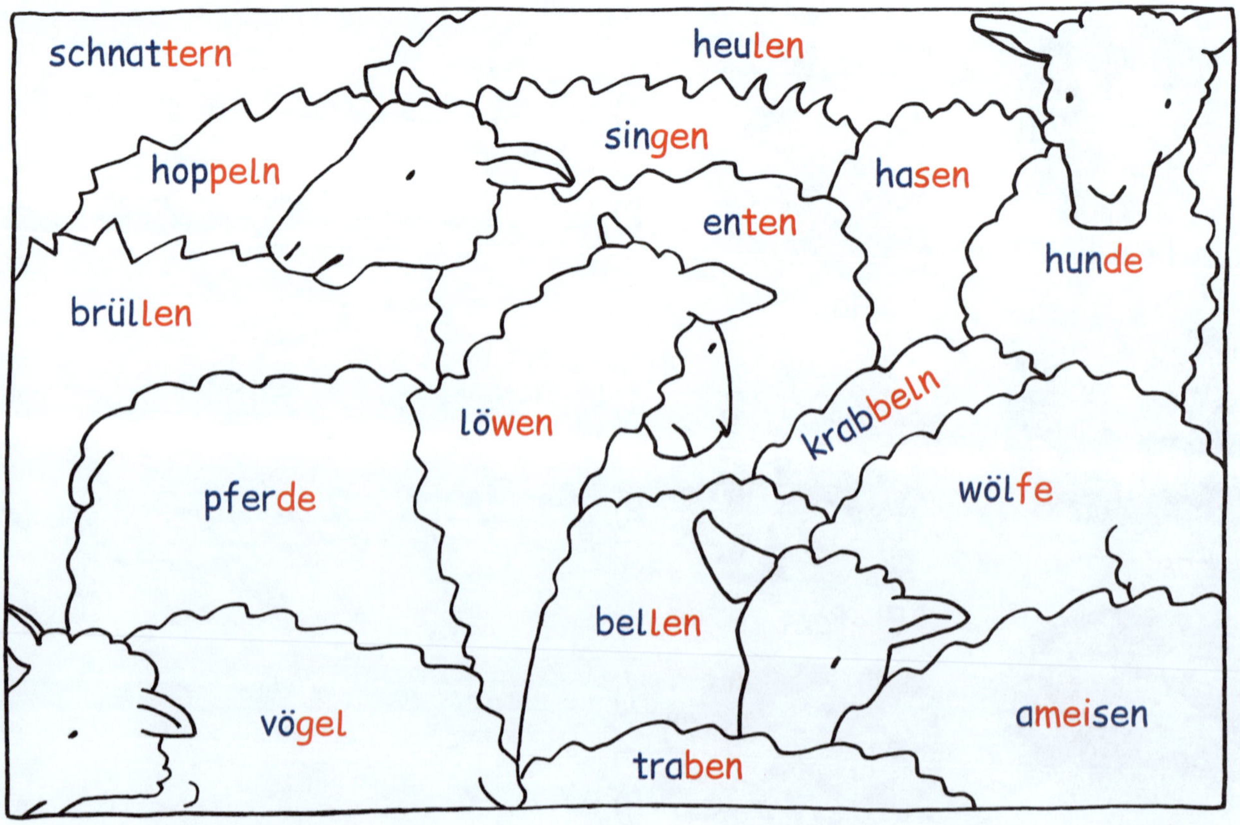

2. Trage die Wörter richtig ein.

Nomen	Verben

Lang oder kurz?

S. 28

1. Sprich und klatsche die Nomen.

2. Trage sie in die richtigen Häuschen ein.

s/ss: Ha●e

m/mm: Schi●el

f/ff: A●e

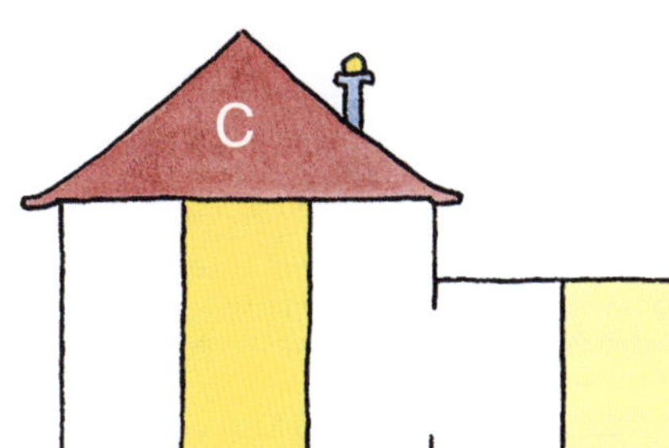

b/bb: Ra●e

3. Vergleiche mit deinem Partner. Begründe die Schreibweise.

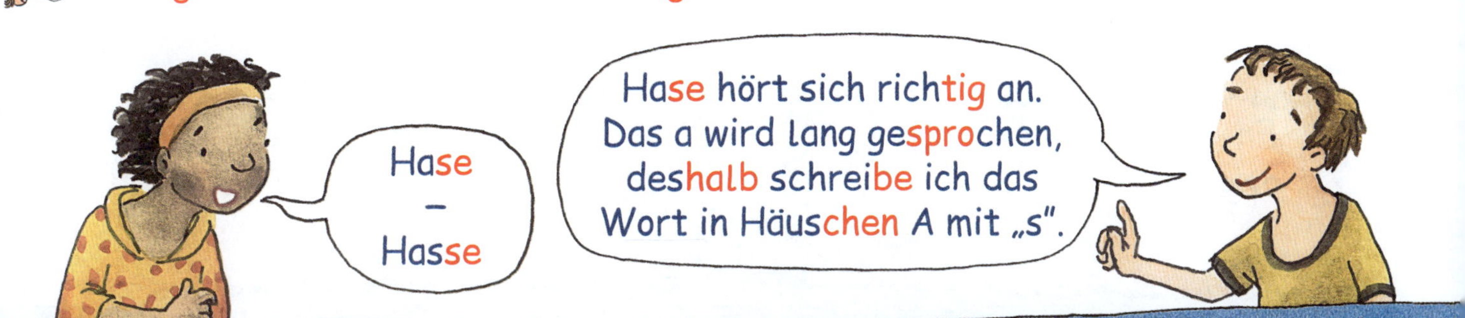

Aussagesatz

S. 30

1. Nenne ein Tier. Dein Partner sagt, wie es sich fortbewegt.

2. Schreibe die Sätze, zum Beispiel: Die Enten watscheln.
Nutze die Silben aus den Strohballen.

En Ha Läm Schild Ti
Pfer krö fen ten mer
ger sen Af de ten

wat sprin hop krie klet
schlei tra peln scheln
ben chen tern chen gen

Die er-Form

S. 37

Zu jedem Wort in den Äpfeln passt ein Wort im Korb.

1. Verbinde die Wörter, die zusammengehören.

2. Schreibe die Verben in der er-Form und in der Grundform auf.

er-Form	Grundform

3. Was kann man im Herbst noch machen?
Schreibe die Verben in der Grundform und der er-Form auf.

Die er-Form mit doppeltem Mitlaut

1. Sprich und klatsche. Welche Schreibweise ist richtig?

2. Setze ein und schreibe in der er-Form.
   Kreise jeweils den Wortstamm ein: (hol)en – er (hol)t

Grundform	er-Form
ho___en	
fra___en	
ko___en	
begi___en	
ma___en	
kle___en	
ro___en	
le___en	
schwi___en	

3. Warum ist es wichtig, bei der Bildung der er-Form an den Wortstamm zu denken?

1. Schreibe alle Verbformen.

rufen

ich ______
du ______
er ______
sie ______
wir ______
ihr ______
sie ______

malen

ich ______
du ______
er ______
sie ______
wir ______
ihr ______
sie ______

baden

ich ______
du ______
er ______
sie ______
wir ______
ihr ______
sie ______

2. Ergänze die Verben in der richtigen er-Form.

sollen — Hanna ______ das Zimmer aufräumen.

wollen — Max ______ nicht ins Bett gehen.

können — Xaver ______ gut Flöte spielen.

müssen — Lisa ______ ihre Hausaufgaben machen.

3. Vergleiche die Lösungen mit deinem Partner.
Was ist bei diesen er-Formen anders?

Umlaute ä und äu – Wir leiten ab

S. 40

a → ä
au → äu

1. Ergänze Bild und Nomen zur Mehrzahl, zum Beispiel: Glas – Gläser.

Glas

Baum

Maus

Ast

Strauch

Zaun

Gras

Blatt

Ball

2. Finde weitere Nomen mit a → ä oder au → äu. Male und schreibe.

3. Welche Nomen hat dein Partner gefunden?

Umlaute in der er-Form – Wir leiten ab

S. 41

1. Schreibe die Sätze in der Einzahl. Fülle die Lücken aus.
2. Schreibe die Sätze in dein Heft.

Die Winde blasen.

Der ______________________.

Die Bäume verlieren ihre Blätter.

Der ______________________ seine Blätter.

Die Kinder sammeln Kastanien.

Das ______________________ Kastanien.

Die Kinder laufen über die Felder.

Das ______________________ über die Felder.

Die Kinder lassen den Drachen steigen.

Das ______________________ den Drachen steigen.

3. Im Gitterrätsel sind 7 Verben versteckt. Markiere sie.
4. Überprüft mit der Verb-Probe.

lassen ist ein Verb, weil …

A	D	R	A	C	H	L	N	L	A	S	S	E	N
B	L	A	S	E	N	E	I	A	S	A	W	S	V
C	H	W	I	N	D	S	M	U	D	M	V	B	T
O	K	B	Ä	U	M	E	J	F	L	M	N	Q	K
W	R	E	N	N	E	N	E	E	H	E	K	X	I
F	E	L	D	E	R	P	M	N	O	L	K	E	N
U	Z	V	E	R	L	I	E	R	E	N	A	L	D

5. Schreibe zu den Wörtern Sätze in dein Heft.

Aussagesatz

S. 42

1. Der Wind hat die Wörter in den Sätzen durcheinandergewirbelt.
   Bildet richtige Sätze.

2. Schreibe die Sätze auf.

Eine Bildergeschichte schreiben

S. 43

1. Schau die Bilder genau an. Was geschieht?

2. Ordne jedem Bild den passenden Satz zu. Nummeriere die Sätze.

Max und sein Luftballon

- ◯ Plötzlich gleitet Max die Ballonschnur aus der Hand.
- ◯ Es ist Jahrmarkt. Vater kauft Max einen Luftballon.
- ◯ Max freut sich über seinen neuen Luftballon.

3. Wie könnte die Geschichte weitergehen?
   Male ein Bild in das vierte Kästchen.
4. Schreibe die Sätze in der richtigen Reihenfolge in dein Heft.
5. Schreibe die Geschichte zu Ende.
6. Lest das Ende eurer Geschichte in der Klasse vor und sprecht darüber.

S. 46, 47

1. Erweitere die Sätze in den Treppen mit den Adjektiven in der richtigen Form.

Anna hat ein Kleid an.

Anna hat ein ______ Kleid an.

Anna hat ein ______, ______ Kleid an.

Ben hat ein T-Shirt an.

Ben hat ein ______ T-Shirt an.

Ben hat ein ______, ______ T-Shirt an.

Aysun trägt Schuhe.

Aysun trägt ______ Schuhe.

Aysun trägt ______, ______ Schuhe.

2. Beschreibe Lukas.

______

______

______

3. Wie hat dein Partner Lukas beschrieben?

Adjektive

1. Verbinde jedes Nomen mit einem passenden Adjektiv.

Hund	groß
Elefant	wachsam
Eichhörnchen	klein
Maus	flink
Biene	bunt
Papagei	fleißig

2. Bilde Sätze. Schreibe so:
Der Hund ist wachsam.

3. Schreibe dein Lieblingstier und ein passendes Adjektiv auf.

4. Dein Partner bildet den Satz zu deinem Lieblingstier.

Am Morgen

Als Hanna aufwachte, war es dunkel und kalt.
Sie stand langsam auf und zog eine lange Hose
und einen dicken Pulli an.
Dabei sang sie leise ein kurzes Lied.
Zum Frühstück aß sie eine alte Scheibe Brot.
Dazu trank sie kalte Milch.
Dann nahm sie ihre kleine Tasche und
ging zur Schule.

1. Lies die Geschichte und unterstreiche alle Adjektive.
2. Finde zu den Adjektiven in der Geschichte die gegenteiligen Adjektive.
   Setze sie in die Lücken ein, zum Beispiel hell für dunkel.

Am Morgen

Als Hanna aufwachte, war es ______ und ______.

Sie stand ______ auf und zog eine ______ Hose

und einen ______ Pulli an.

Dabei sang sie ______ ein ______ Lied.

Zum Frühstück aß sie eine ______ Scheibe Brot.

Dazu trank sie ______ Milch.

Dann nahm sie ihre ______ Tasche und ging zur Schule.

3. Vergleiche die Lösung mit deinem Partner.

Wörter mit ß

1. Trage die passenden Wörter ein.

nicht kalt, sondern ______

nicht klein, sondern ______

nicht sauer, sondern ______

nicht schwarz, sondern ______

nicht faul, sondern ______

heiß   fleißig   süß   groß   weiß

2. Schreibe Sätze zu den Wörtern mit ß.

______

______

______

______

______

3. Ordne die Wörter nach dem Abc.

Straße   Fuß   Spaß   Gruß   Soße

1. Ich: Lies die Sätze. Was fällt dir auf?

   Du: Was hat dein Partner herausgefunden?

   Ersetzt „macht“ durch ein treffenderes Verb und schreibt die Sätze auf.

   Wir: Vergleicht in der Gruppe.

saugen abwischen bauen reparieren schließen malen

Nina macht ein Bild.

Sie ______________________________

Herr Bauer macht den Teppich sauber.

Er ______________________________

Herr Ritter macht die Tür zu.

Er ______________________________

Bernd macht einen Turm.

____

Evi macht den Tisch sauber.

____

Frau Beck macht das Radio ganz.

____

Lang oder kurz?

1. Sprich und klatsche die Nomen.

2. Trage sie in die richtigen Häuschen ein.

t/tt: Mu●er

p/pp: Su●e

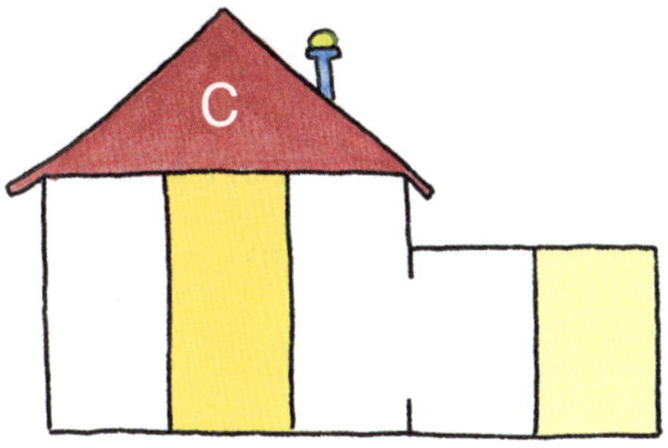

m/mm: Zi●er

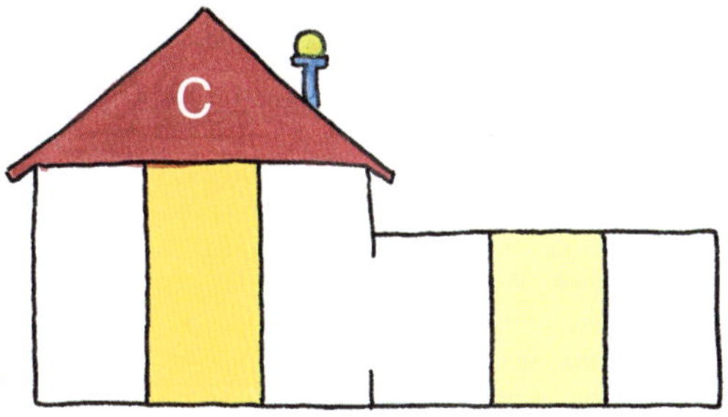

b/bb: Tu●e

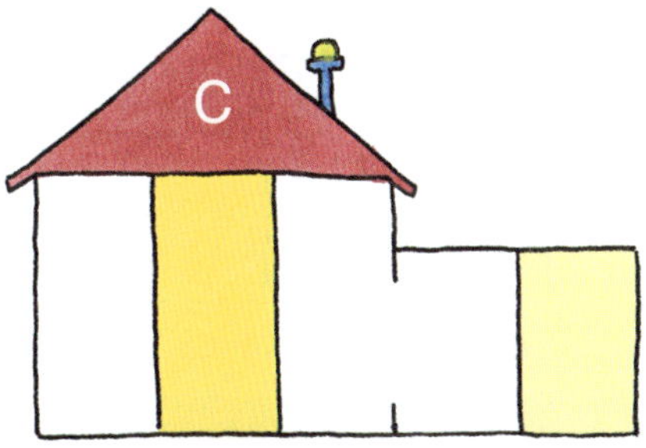

l/ll: Fü●er

3. Vergleiche mit deinem Partner. Begründe die Schreibweise.

Muter – Mutter

Mutter hört sich richtig an. Das u wird kurz gesprochen, deshalb schreibe ich das Wort in Häuschen C mit „tt".

1. Ich: Schau dir die Häuschen an. Wo steht das R/r?
   Du: Sprecht die Wörter.
   In welchem Wort könnt ihr das r schlecht hören?
   Wir: In welchem Zimmer steht das r, das man schlecht hört?
   Vergleicht die Häuschen.

2. Schreibe die Wörter mit zwei Farben in Häuschen B.

turnen | warten | dürfen | Kerne | lernen | Birnen

1. Ordne die Sätze den Bildern zu. Nummeriere die Sätze.

- (1) Hanna öffnet ein Türchen am Kalender.
- ( ) Sie trägt ein Gedicht vor.
- ( ) Sie flötet ein Lied.
- ( ) Mutter und Hanna binden einen Kranz.

2. Schreibe die Sätze und ersetze die unterstrichenen Wörter durch ein Adventswort: zum Beispiel wird aus Kalender Adventskalender.

(1)

(2)

(3)

(4)

3. Schreibe einen Satz mit einem eigenen Adventswort.

Eine Backanleitung schreiben

1. Schreibe auf, was Hanna nacheinander macht.
   Bilde mit den vorgegebenen Wörtern Sätze.

250 g Butter
125 g Puderzucker
1 Päckchen Vanillezucker
300 g Mehl
1 EL Milch
Rosinen
Mandeln

Hanna ______________________________

____

Dann ______________________________

____

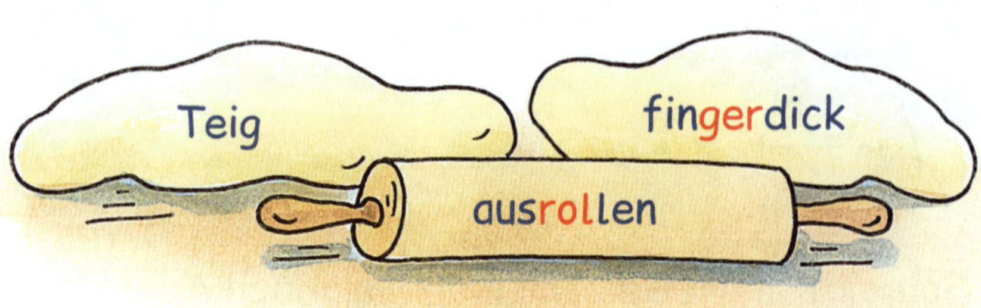

Nun ______________________________

____

mit Tasse — Gesichter — ausstechen

legen — und — auf das Backblech

Jetzt

zwei Rosinen — und — vier Mandeln

in Teig — drücken

Für das Gesicht

Blech — in Ofen — schieben

Zuletzt

2. Was hast du schon gebacken?

Wörter mit ck

S. 64

1. Färbe die Felder mit den Nomen und dem Adjektiv braun, die Felder mit den Verben gelb.

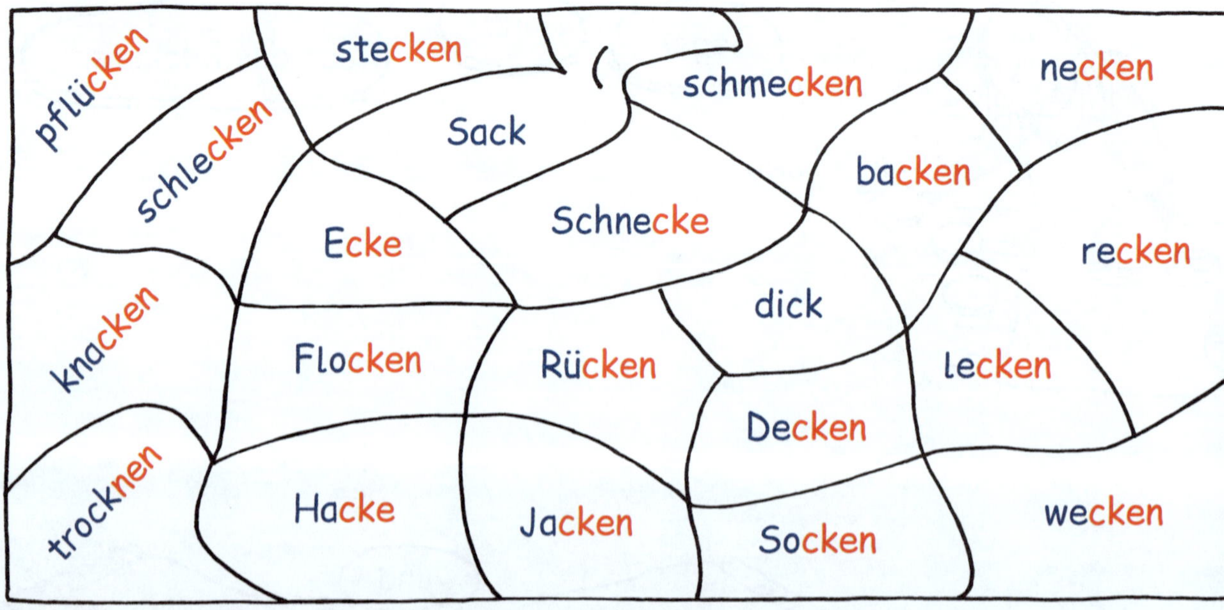

2. Trage die Nomen mit dem Artikel der, die oder das ein.

Einzahl	Mehrzahl

3. Schreibe zu jedem Verb und dem Adjektiv einen Satz.

Lang oder kurz?

S. 64

1. Sprich und klatsche die Nomen.

2. Trage sie in die richtigen Häuschen ein.

k/ck: Ja●e

k/ck: Sä●e

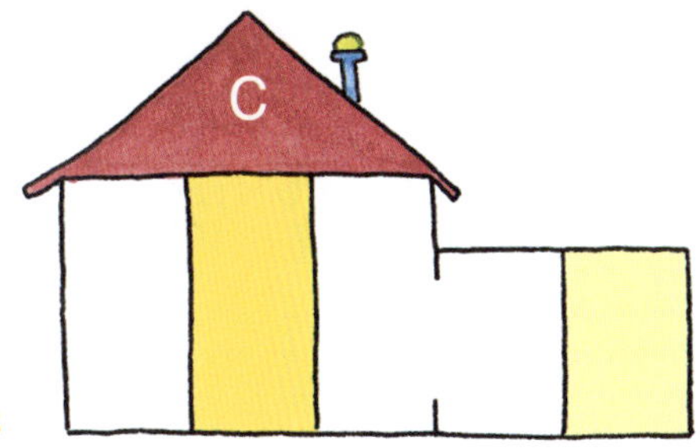

k/ck: Ha●en

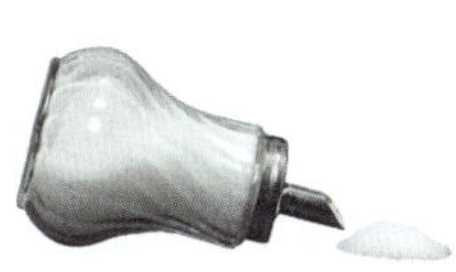

k/ck: Zu●er

k/ck: Rü●en

3. Vergleiche mit deinem Partner. Begründe die Schreibweise.

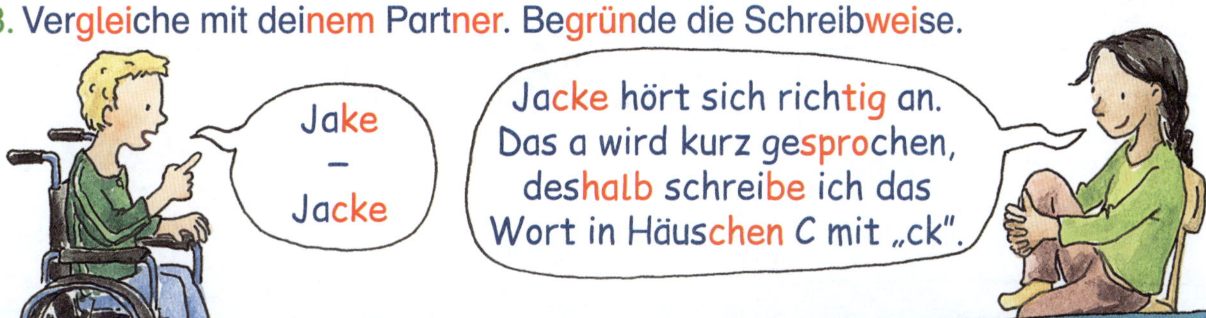

nk oder ng – Höre den Unterschied S. 65

1. Finde die passenden Reimwörter in den Päckchen.
   Schreibe sie in die richtige Kugel.

S. 66

1. Ich: Betrachte die Häuschen: Wo steht das „e“?
   Du: Lest die Wörter.
   In welcher Silbe hört ihr das e schlecht?
   Wir: Warum hilft es euch, die Wörter in Häuschen zu schreiben?

2. Bilde Wörter mit den Endungen -er und -el .

-er: Brud, Fenst, Fed, Schwest, Wint

-el: Onk, Gab, Nad, Pins, dunk

3. Verben in der Grundform besitzen die Endung -en .
   Schreibe die Verben: bad – baden.

bad	hab	ruf
find	hör	such

4. Schreibe zu jedem Verb einen Satz.

1. Setze das Silbenpuzzle zusammen.
Schreibe die Monatsnamen in der richtigen Reihenfolge auf.
Schreibe so: 1. Januar

12. Dezember
1. Januar
11. November
2. Februar
10. Oktober
3. März
9. September
4. April
8. August
5. Mai
7. Juli
6. Juni

2. Wie heißt dein Lieblingsmonat? Begründe.

Die Wochentage

S. 75

Gestern liegt einen Tag zurück.

Vorgestern liegt zwei Tage zurück.

Morgen ist ein Tag weiter.

Übermorgen ist zwei Tage weiter.

Kannst du alle Rätsel lösen?

1. Schreibe die Namen der Wochentage auf.

Wie heißt der erste Tag der Woche?

Montag

Heute ist Mittwoch. Welcher Tag war gestern?

Dienstag

Vorgestern war Donnerstag. Welcher Tag ist heute?

Samstag

Heute ist Mittwoch. Welcher Tag ist dann übermorgen?

Freitag

Heute ist Dienstag. Welcher Tag ist dann übermorgen?

Donnerstag

Wie heißt der letzte Tag der Woche?

Sonntag

2. Stelle deinem Partner ein eigenes Rätsel.

Eine Bildergeschichte schreiben

1. Nummeriert die Sätze in der richtigen Reihenfolge.

Mit dem Bus zum Freund

- ◯ Ich gehe zur Haltestelle.
- ◯ Mein Freund begrüßt mich.
- ◯ Der Bus kommt.
- ◯ Ich steige ein.
- ◯ Ich steige aus.
- ◯ Der Bus fährt los.

2. Schreibe die Sätze geordnet auf.

Scherzfragen

S. 78, 79

Hier sind sechs Fragen und sechs Antworten versteckt.

1. Woran erkennt ihr eine Frage?
2. Unterstreiche in den Fragesätzen die Fragewörter und setze Fragezeichen. Setze Punkte in den Antwortsätzen.
3. Verbinde die Frage mit der richtigen Antwort.

Welcher Mann friert nicht im Winter

Der Hase hat zwei Ohren, die man Löffel nennt

Der Zaunkönig hat kein Land

Welcher Hut passt auf keinen Kopf

Welches Wasser kannst du im Sieb tragen

Der Weihnachtsstern ist eine Pflanze

Welches Tier hat zwei Löffel, aber kein Messer

Welcher König hat kein Land

Welcher Stern steht nicht am Himmel

Der Schneemann friert im Winter nicht

Der Fingerhut passt auf keinen Kopf

Im Sieb kann man gefrorenes Wasser tragen

4. Kennst du auch eine Scherzfrage?

1. Wie könnt ihr entscheiden, wie diese Wörter richtig geschrieben werden?

→ der ______

→ das ______

→ der ______

2. b statt p, d statt t, g statt k

Hun● → die ______ → der ______

Ta● → die ______ → der ______

Kin● → die ______ → das ______

gel● → die ______ Tüte → Die Tüte ist ______.

gesun● → das ______ Kind → Das Kind ist ______.

sa●t → Wir ______. → Er ______.

fra●t → Wir ______. → ______.

gi●t → Wir ______. → ______.

Eine Bildergeschichte schreiben

S. 82, 83

1. Schneide die Bilder von Seite 79 aus und klebe sie in der richtigen Reihenfolge hier ein.

1 2

3 4

5 6

2. Kannst du die Geschichte erzählen?

3. Spielt die Geschichte mit verteilten Rollen.

Eine Bildergeschichte schreiben

S. 82, 83

Unterstreiche jeweils die passenden Wörter und ergänze die Sätze.

1. Welche Jahreszeit kannst du auf dem Bild erkennen?

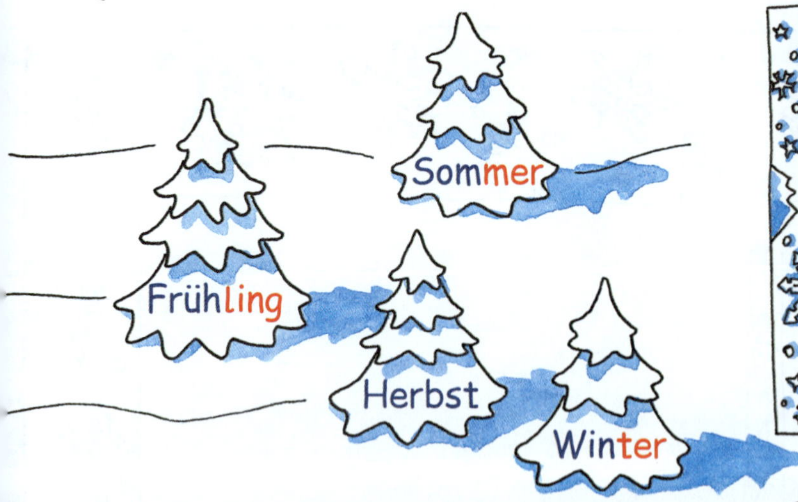

2. Wie ist der Wintertag?

Es ist ein ____.

Die Kinder heißen Timo und Anna.

Der Hund heißt Waldi.

3. Was machen Anna, Timo und Waldi?

Timo und Anna ____ mit Waldi.

4. Wo spielen die Kinder mit Waldi?

Timo und Anna spielen mit Waldi ____.

5. Was fliegt durch die Luft?

Ast

Ball

Stöckchen

schleudern

werfen

rollen

6. Was macht Timo mit dem Stöckchen?

Timo ______ ______ auf das Eis.

hinterherspringen

bellen

wegrennen

7. Was macht Waldi?

Waldi ______.

8. Was passiert?

ins Eis einbrechen

ins Wasser springen

Plötzlich ______ er ______.

Eine Bildergeschichte schreiben

S. 82, 83

Unterstreiche jeweils die passenden Wörter und ergänze die Sätze.

1. Was wollen die Kinder tun?

nach Hause gehen

Waldi retten

Die Kinder wollen ____________________ .

die Hundeleine

ihren langen Schal

2. Was wirft Anna Waldi zu?

ein dünnes Seil

Anna wirft Waldi ____________________ zu.

3. Was machen nun die Kinder?

holen

reißen

ziehen

Nun ____________________ die Kinder den Hund aus dem Wasser.

4. Welcher Name passt zu Waldi?

Glückspilz

Pechvogel

armes Tier

armer Tropf

wilder Hund

____________________ ist patschnass.

5. Wie fühlen sich Anna und Timo?

glücklich

traurig

zufrieden

Anna und Timo sind ____________________.

6. Wähle zum Schluss den Satz aus, der am besten passt.
Schreibe ihn auf.

Schnell bringen sie ihren Liebling nach Hause.

Sie bauen einen großen Schneemann.

Timo will nie mehr ein Stöckchen werfen.

____

____

Eine spannende Geschichte schreiben

S. 82, 83

1. Wähle eine Überschrift aus und schreibe die Geschichte auf.

Ein Wintertag

Der tropfnasse Waldi

Die Rettung

Glück gehabt

Waldi auf dem Eis

Eine Bildergeschichte schreiben

S. 82, 83

1. Schau die Bilder genau an. Was erleben Timo und Anna?
2. Überlege dir, wie die Geschichte beginnen könnte.
   Male ein Bild in das erste Kästchen.
3. Finde eine passende Überschrift.

1

2

Berg – hinuntersausen

3

Timo – nicht anhalten –
landen – im Bach

4

Anna bremsen – helfen –
Hand – herausziehen

5

Timo –
tropfnass sein

6

schnell – nach Hause gehen

4. Schreibe die Geschichte ins Heft.
5. Stelle die Geschichte vor. Sprecht darüber.

Gegensatzpaare

S. 87

Immer zwei Adjektive bilden ein Gegensatzpaar.
Ein Wort des Paares ist waagerecht →, versteckt, das andere senkrecht ↓.

1. Finde sieben weitere Gegensatzpaare und färbe sie jeweils mit derselben Farbe.

l	a	n	g	s	a	m	b	t	f	g	w	a	r	m	n	o	h
s	b	c	n	a	s	s	s	r	k	h	e	l	l	b	l	d	a
c	w	e	i	c	h	n	c	o	r	a	k	n	f	z	e	u	r
h	n	i	k	o	j	a	h	c	h	j	l	e	t	k	i	n	t
w	b	r	a	z	l	e	n	k	f	i	e	g	h	e	s	k	o
e	b	f	l	i	d	u	e	e	h	u	i	b	n	s	e	e	i
r	a	g	t	t	z	i	l	n	c	h	n	b	j	x	y	l	m
l	e	i	c	h	t	g	l	g	r	o	ß	n	l	a	u	t	s

2. Schreibe die Gegensatzpaare auf, zum Beispiel: langsam – schnell.

3. Nenne ein Adjektiv aus Aufgabe 2. Dein Partner sagt das gegenteilige Adjektiv.

Großschreibung und Satzschlusszeichen

S. 88

der jüngste müllersohn war traurig er hatte nur einen kater geerbt dennoch bestellte er stiefel bei einem schuster und bezahlte sie von seinem letzten geld der kater schlüpfte mit den hinterpfoten in die schönen lederstiefel nun verabschiedete er sich von seinem herrn aufrecht wie ein mensch ging er davon

1. Lies den Text laut. Setze Punkte, wo du eine Pause machst.
2. Schreibe den Text mit den Punkten ab.
   Schreibe die Satzanfänge und die Nomen groß.

3. Tauscht die Hefte aus und überprüft.

Nachsilbe -chen

S. 89, 90, 91

Das Prinzchen nimmt Schneewittchen mit auf sein Schlösschen.
Sie reiten auf dem Pferdchen durch das Törchen.
Die Dienerchen jubeln ihnen zu.
Die Gästchen warten bereits in dem Sälchen.
Sie tragen prächtige Kleidchen.
Nun vermählt das Königchen das junge Pärchen.
Alle feiern ein großes Festchen.

1. Unterstreiche im Text alle Nomen mit -chen.
2. Nun ist alles wieder groß.
   Schreibe den Text auf, indem du die Nachsilbe -chen weglässt.
   Achte auf die Artikel.

Der Prinz nimmt Schneewittchen

Lang oder kurz?

1. Sprich und klatsche die Nomen.

2. Trage sie in die richtigen Häuschen ein.

n/nn: Bru●en

t/tt: Be●en

f/ff: O●en
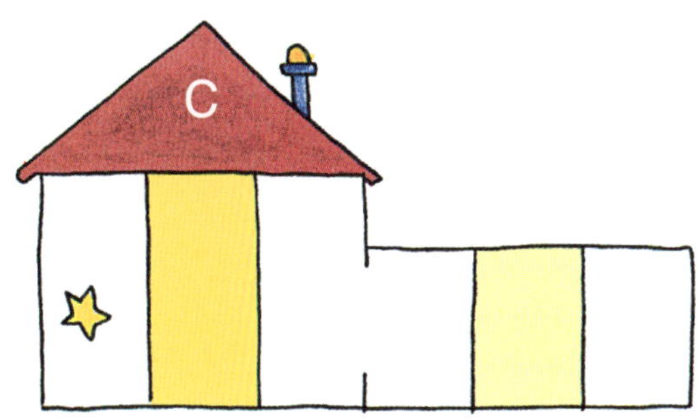

s/ss: Ki●en
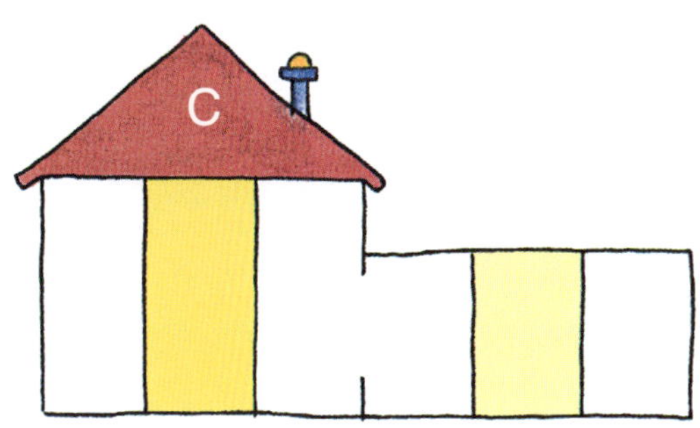

3. Vergleiche mit deinem Partner. Begründe die Schreibweise.

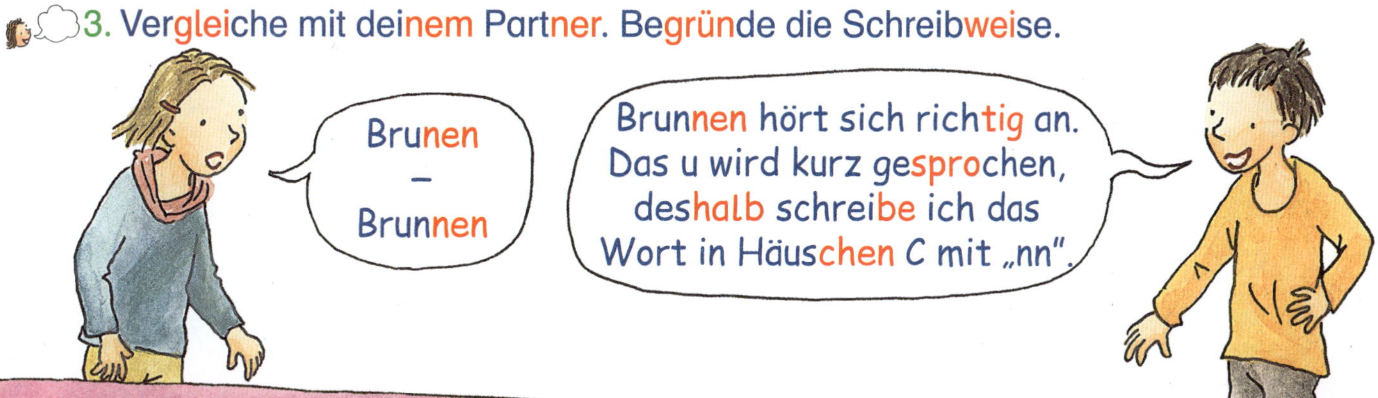

Wörter mit Ei / ei und Eu / eu

S. 92

1. In welchem Zimmer stehen die Zwielaute?

2. Ich: Schreibe möglichst viele Wörter mit Ei/ei oder Eu/eu auf ein Blatt.
   Du: Tauscht die Blätter aus. Überprüft mit dem Wörterbuch, ob ihr die Wörter richtig geschrieben habt.
   Wir: Sammelt eure Ergebnisse auf einem Plakat.

3. Setze Ei/ei oder Eu/eu ein.

S ___ fe	Am ___ se	___ er	___ ro
___ s	n ___	l ___ se	Z ___ t
kl ___ n	r ___ sen	___ le	F ___ er

4. Wähle 6 Wörter aus. Schreibe zu jedem Wort einen Satz.

Zusammengesetzte Nomen

S. 99

Hanna bildet eine Wörterkette mit zusammengesetzten Nomen.

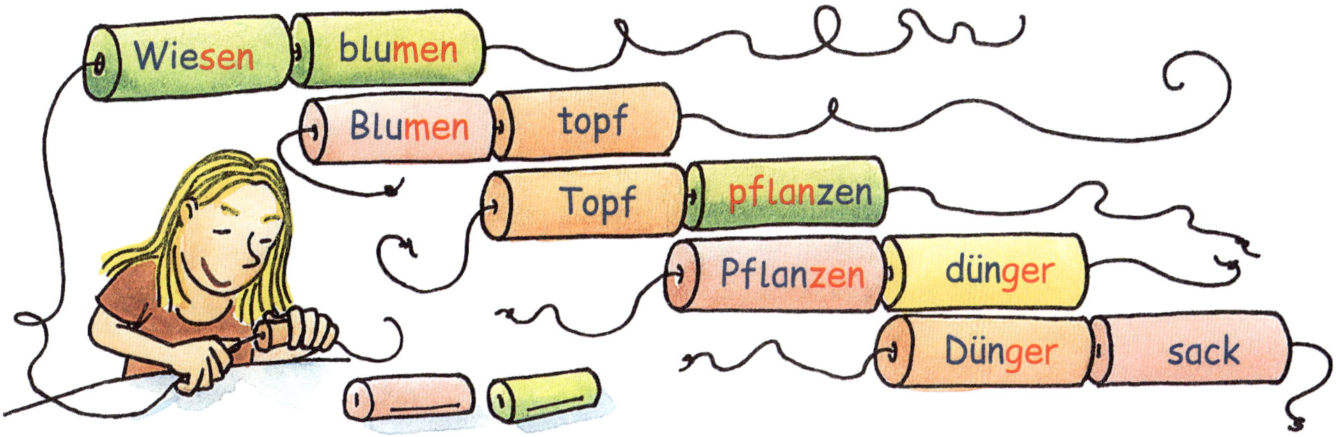

1. Bilde wie Hanna Wörterketten mit sinnvollen zusammengesetzten Nomen. Verwende die folgenden Wörter.

2. Suche selbst Nomen, die zusammengesetzt eine Wörterkette ergeben. Schreibe sie in dein Heft.

Eine Bastelanleitung schreiben

S. 100 – 103

1. Schau dir die Bilder genau an.
2. Schreibe die Bastelanleitung mit einer passenden Überschrift in dein Heft. Schreibe in der ich-Form und verwende die Wörter unter den Bildern. Denke an verschiedene Satzanfänge.

1

Hase und Bauch ausschneiden

2

Gesicht aufmalen

3

Mit Nadel zwei Löcher oben und unten am Kopf bohren

4

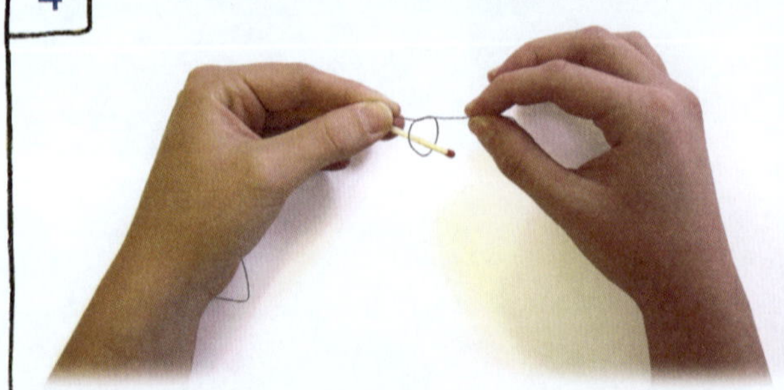

Faden um Streichholz binden

5

Streichholz mit Faden in Ei stecken

6

Faden durch Löcher ziehen und oben verknoten

3. Tauscht die Hefte aus. Hat dein Partner alle Bastelschritte beschrieben?

1. Wo würdest du die Ostereier verstecken?
Male sieben Eier in das Bild und färbe sie rot, blau, grün, gelb, orange, braun und lila. Wähle für jedes Ei eine andere Farbe.

2. Dein Partner beschreibt, wo die Eier sind.
Benutzt hierfür die Wörter hinter, vor, neben, unter und auf.

3. Schreibe auf, wo du die Eier versteckt hast.

Das rote Ei liegt

1. Ordnet die Texte den Bildern zu.

2. Schreibe die richtigen Zahlen in die Kreise.

3. Schreibe die Beobachtungen zu den Satzanfängen. Bilde Sätze.

Zuerst

Dann

Nun

Danach

Jetzt

Zuletzt

Aufforderungssatz

S. 105

Hanna und ihre Freunde wollen bei Oma und Opa
im Garten ein Bohnenzelt wachsen lassen.
Oma und Opa helfen den Kindern.

- ◯ acht Bohnenstangen holen
- ◯ Bohnen vorsichtig angießen
- ◯ Stangen oben mit Schnur zusammenbinden
- ◯ nun abwarten
- ◯ die Stangen im Kreis in die Erde stecken
- ◯ bei jeder Stange fünf Bohnen in die Erde stecken

1. Nummeriere die Streifen in der richtigen Reihenfolge.
2. Vergleiche mit deinem Partner.
3. Schreibe die Aufforderungen so auf: 1. Holt acht Bohnenstangen!

i oder ie in der ersten Silbe

S. 106, 107

1. Überlege, ob du die Wörter mit i oder ie schreibst.

2. Trage sie in die richtigen Häuschen ein.

Sch●ffe

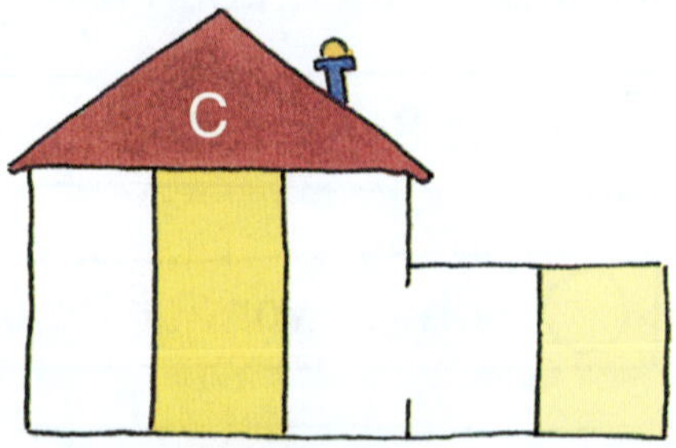

Sp●gel

R●sse

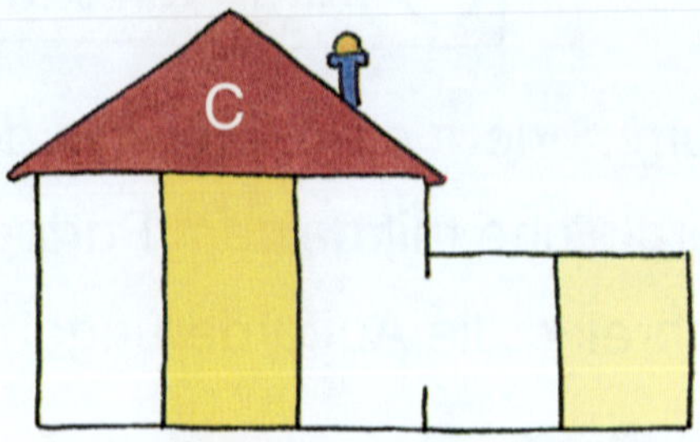

Z●ge

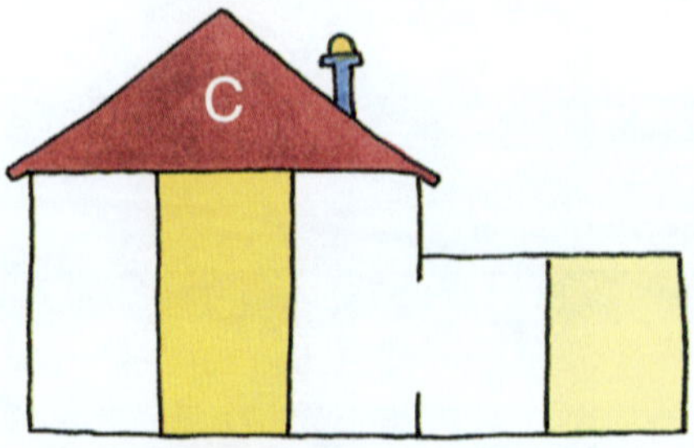

W●se

3. Warum steht ie nie vor doppelten Mitlauten?

i oder ie?

S. 106, 107

1. Beantwortet die Rätselsätze mit i- oder ie-Wörtern.
2. Trage die Buchstaben in die Kästchen ein.
3. Ergänze den Lösungssatz.

Das Gänseblümchen ist eine

______________________________.

1) Auf ihr wachsen viele Blumen.
2) Sie sammeln Nektar und Pollen.
3) Die Urlauber … am Strand.
4) Er ist sehr groß.
5) Sie meckern.
6) Das macht man, wenn man Durst hat.
7) Das Märchen von den … Geißlein.
8) Gegenteil von hassen.
9) Darin hängen Glocken.
10) Dort sehen wir die Sonne.
11) Kinder … mit Puppen.

Sätze bilden – Mit dem Förster im Wald

S. 109

Die Schüler der Klasse 2c machen mit dem Förster einen Lerngang im Wald.

1. Der Förster zeigt den Kindern Bilder.
   Schreibe in Sätzen, was er erklärt.

legt | in ein fremdes Nest | das Kuckucksweibchen | sein Ei

der junge Kuckuck | noch | ist | nackt und blind

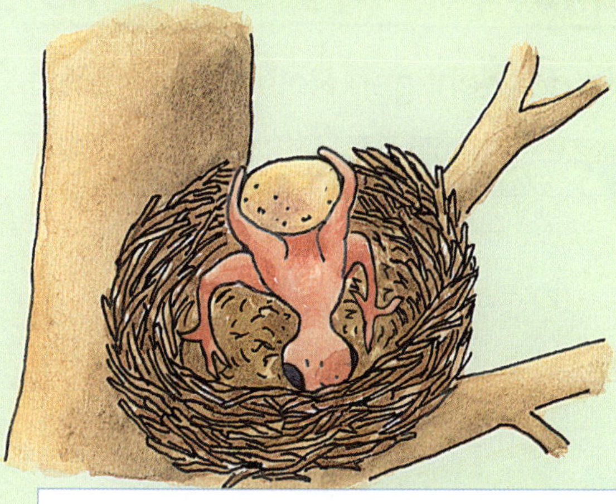

er | hinaus | die anderen Eier | wirft

der kleine Kuckuck | wächst | und | Federn | bekommt

bald | er | groß | ist | und | das Nest | verlässt

2. Warum kann der Förster den Kindern kein Kuckucksnest zeigen? Begründe.

Bildergeschichte: Besuch in der Bücherei

S. 112, 113

1. Klebe die ausgeschnittenen Bilder von S. ~~77~~ in der richtigen Reihenfolge ein.

1

2

3

4

5

6

2. Könnt ihr die Geschichte erzählen?
3. Spielt die Geschichte mit verteilten Rollen.
4. Schreibe die Geschichte mit einer passenden Überschrift in dein Heft.
5. Stellt die Geschichten in der Klasse vor. Sprecht darüber.

V klingt wie F oder W

S. 114

1. Was ist das Besondere an den Wörtern mit V/v?

2. Sprich alle Wörter. Klingt V wie F, dann male das Feld grün aus.
Klingt V wie W, dann male das Feld grau aus.

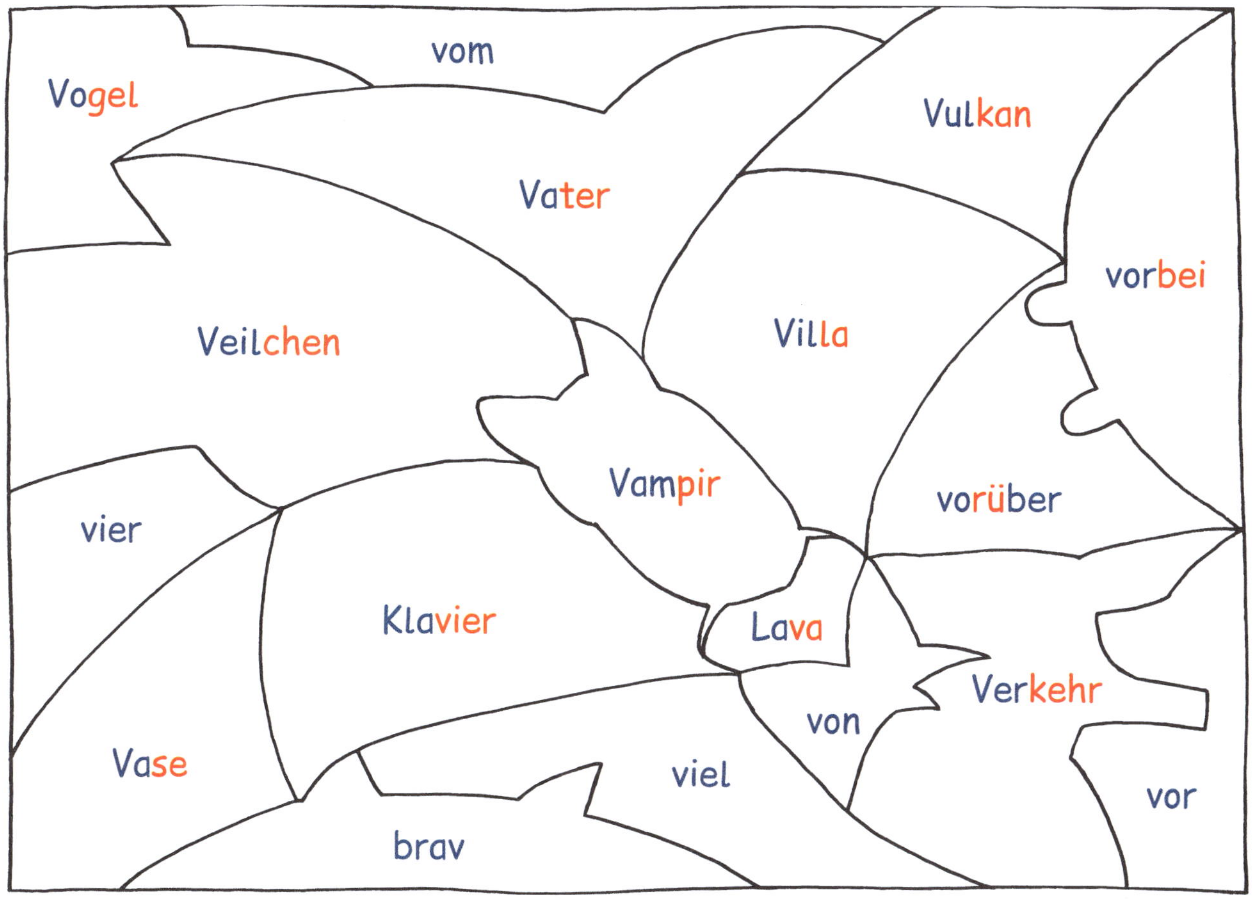

3. Ergänze die Sätze mit den Wörtern, bei denen du W hörst.

Die Blumen sind in der ____________________.

Der Ätna ist ein ____________________.

Aus dem Vulkan fließt ____________________.

Der Pianist spielt auf dem ____________________.

Der Gemeine ____________________ ist eine Fledermaus aus Südamerika.

Die ____________________ ist ein großes Haus.

4. Schreibe Sätze mit den übrigen Wörtern.

1. Bilde neue Verben und schreibe sie auf.

auf- → bauen, legen, schreiben

weg- → fahren, gehen, bleiben

2. Bilde neue Verben und schreibe sie auf.

vor-, auf-, be- → stellen

3. Ergänze die Sätze mit passenden Verben aus Aufgabe 2.

In der Schule muss Pippi sich ______________.

In der Sportstunde müssen sich alle Schüler ______________.

Pippi, Annika und Tommi ______________ Limonade.

4. Vergleiche mit deinem Partner.

Einen Text überarbeiten: Wortfeld „sehen“ S. 117

Die Gänse machen mit Nils Holgersson auf einer kleinen Insel Rast.

Nils sitzt auf einem Felsen und __________ verträumt auf das Meer.

In der Ferne __________ er ein Schiff.

Plötzlich __________ er Schatten neben sich __________.

Er dreht sich um und __________ die Gänse neben sich fressen.

Er __________, wie sie gierig die zarten Kräuter abzupfen.

Dann __________ er eine bunte Feder zwischen den Steinen.

Fasziniert dreht er sie zwischen Daumen und Zeigefinger und

__________ sie. Von welchem Vogel mag diese Feder wohl stammen?

1. Besprecht, welche Verben in die Lücken passen.
2. Ergänze die Sätze mit den Wörtern auf den Steinen.

Einen Text überarbeiten: Satzanfänge

S. 118

Franz erzählt Gabi sein Missgeschick mit dem Rechenheft.

Gestern war meine Mutter im Bad und duschte.
~~Und~~ ich lief hin.
Und ich stolperte und mein Rechenheft fiel – platsch – ins Wasser.
Und auf jeder Seite waren nur noch nasse Tintenwolken.
Und mein Vater schrieb dem Lehrer einen Brief.
Und auf dem Schulweg regnete es.
Und auch diese Schrift hatte sich in Tintenwolken aufgelöst.

1. Lest den Text laut. Was fällt euch auf?
2. Streiche „Und“ am Satzanfang durch und verwende die Satzanfänge aus dem Vorhang. Stelle die Sätze um und schreibe sie richtig auf.

Gestern war meine Mutter im Bad und duschte. Schnell lief

Wörter mit Sp/sp, St/st und Sch/sch

S. 120

1. Ergänze die Wörter mit Sp/sp, St/st oder Sch/sch.

Heute ◯eint die Sonne. Die Klasse 2 c geht zum ◯ortplatz.
Die Kinder holen ihre ◯uhe aus der Ta◯e und ziehen sie an.
Zuerst ◯ielen alle Kinder Fußball.
Nun be◯richt der ◯ortlehrer die weiteren Übungen.
Um Zeit zu ◯aren, ◯ellen sich die Kinder in zwei Gruppen auf.
Die erste Gruppe macht einen 50-Meter-Lauf.
Die zweite Gruppe übt Weit◯rung.
So sollte die ◯ort◯unde immer sein, wün◯en sich die Kinder.

2. Schreibe alle Wörter mit Sp/sp, St/st und Sch/sch in die Linien.

3. Ergänze Sp/sp, St/st oder Sch/sch.

| Ti● | ●ein | er ●ielt | ●ern | fri● | ●rechen | ●neiden |

Wörter mit Besonderheiten

S. 121

1. Im Gitterrätsel sind 12 Nomen versteckt. Kreise ein.

B	H	A	I	R	U	Q	L
N	P	T	A	X	I	U	N
A	Q	U	A	D	R	A	T
R	U	B	A	B	Y	T	K
C	E	N	T	I	B	S	A
C	L	O	W	N	K	C	I
X	L	A	N	U	S	H	S
H	E	X	E	Z	V	I	E
C	O	M	P	U	T	E	R
O	P	N	M	A	I	X	O

2. Ergänze die Sätze mit Wörtern aus dem Gitterrätsel.

Der ________ ist ein Raubfisch.

Das ________ ist ein Viereck.

Unsinn nennt man auch ________.

Ein ________ macht gerne Späße.

Aus einer ________ fließt Wasser.

3. Bilde Sätze zu den übrigen Wörtern.

4. Diktiert euch die Wörter aus dem Gitterrätsel.

Wörter mit Besonderheiten – chs

1. Finde die sechs Tiernamen mit **chs** und schreibe sie in das Sechseck.

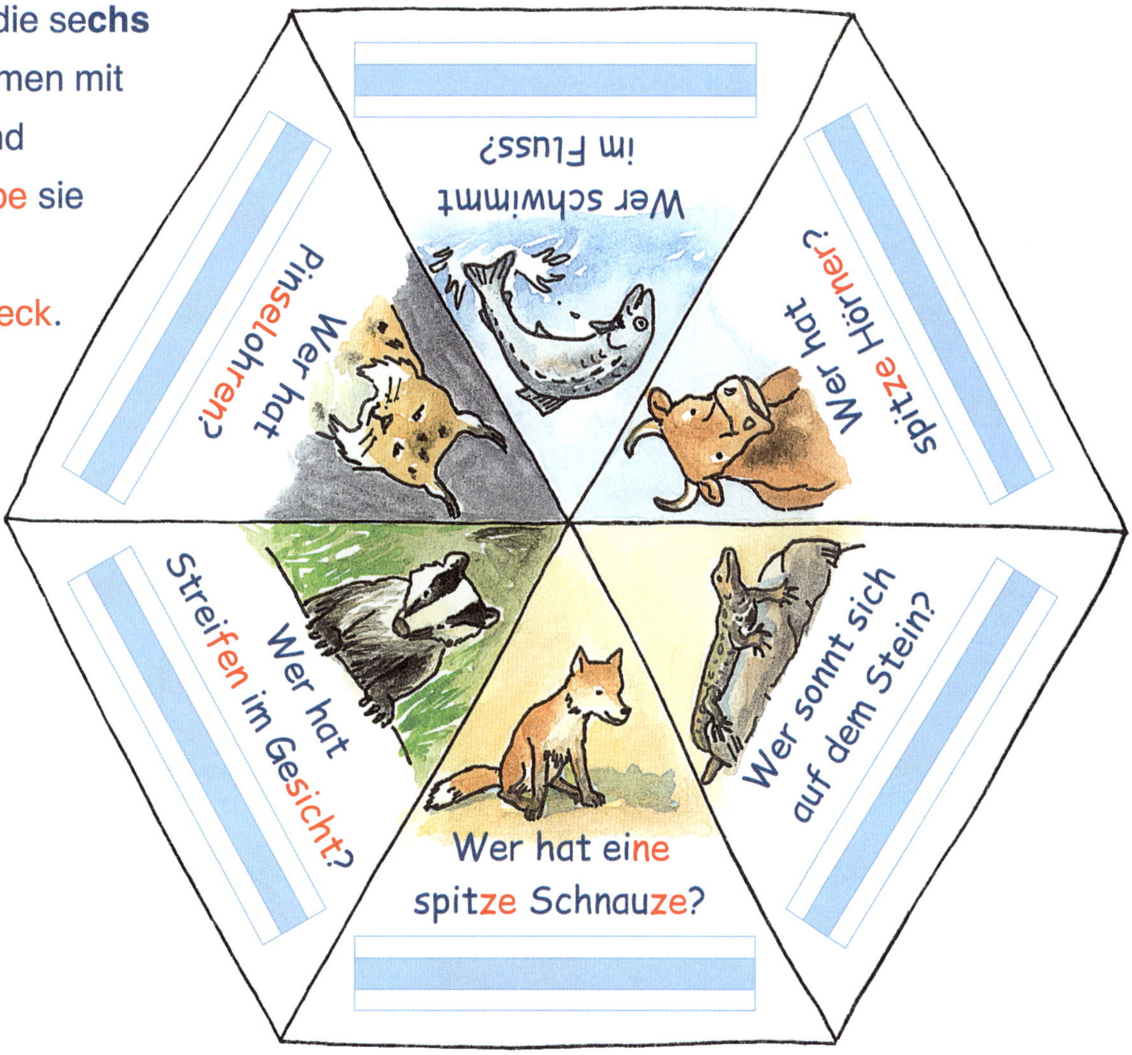

2. Schreibe die Antworten in Sätzen auf und setze die passenden Tiernamen ein, zum Beispiel: Der Lachs schwimmt im Fluss.

Lang oder kurz?

S. 123

1. Sprich und klatsche die Nomen.
2. Trage sie in die richtigen Häuschen ein.

l/ll: Spie●e

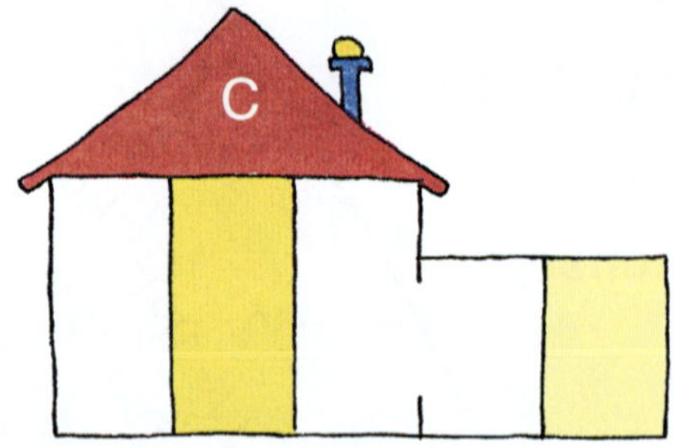

n/nn: Spi●e

n/nn: So●e

k/ck: Stö●e

s/ss: Spro●e

3. Vergleiche mit deinem Partner. Begründe die Schreibweise.

Häuschenprobe zur richtigen Schreibung der doppelten Mitlaute; Lösung zur Selbstkontrolle S. 81

Wörter mit Pf/pf

1. Lest den Text laut.

2. Trage Pf/pf in die Lücken ein.

Max fährt zu seinem ___legepony.

Er zieht ihm das Halfter über den Ko___.

Dann bindet er es an einen ___osten und

___legt das Fell mit einer weichen Bürste.

Aus dem Schweif entfernt er ___lanzenreste.

Unruhig stam___t das ___erd mit den Hufen.

Max klo___t ihm beruhigend den Hals.

Jetzt kann der Reiterwettbewerb beginnen.

3. Schreibe alle Wörter mit Pf/pf auf.

1. Sprich und klatsche die Wörter.
2. Setze z oder tz ein.
3. Färbe alle Wörter mit z grün, alle Wörter mit tz hellbraun.

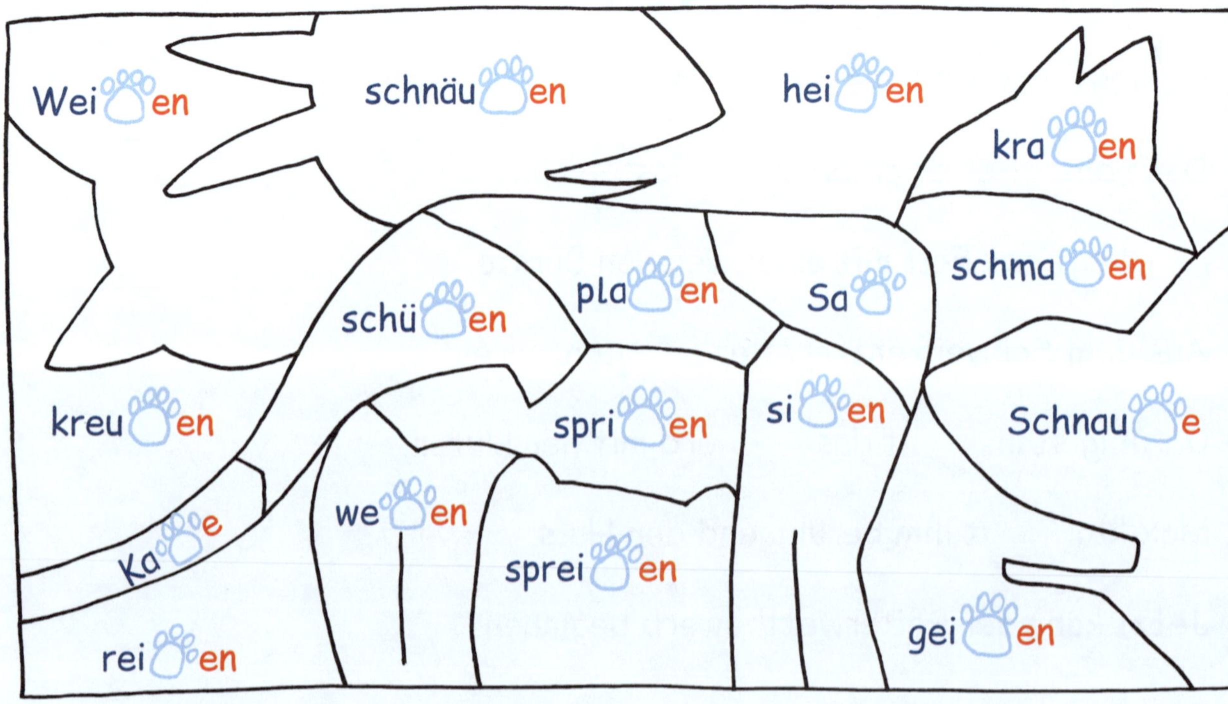

4. Schreibe die Verben mit tz in der Grundform und in der er-Form.

Grundform	er-Form

5. Schreibe die Nomen mit tz in der Einzahl und der Mehrzahl auf.

Lang oder kurz?

S. 132, 133

1. Sprich und klatsche die Wörter.
2. Trage sie in die Häuschen ein.

z/tz: Ka●e

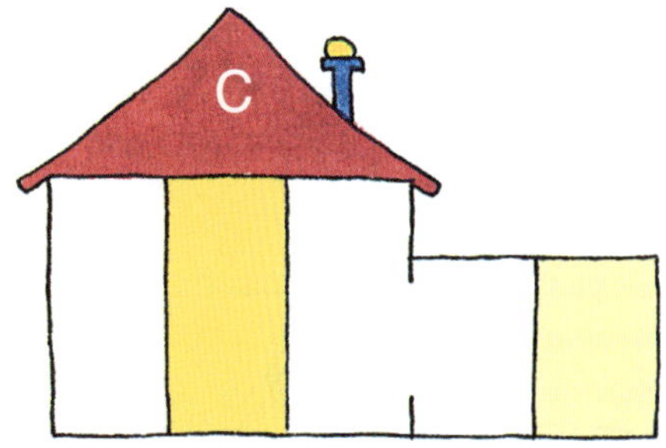

z/tz: schni●en

z/tz: Wei●en

z/tz: ri●en

z/tz: Hi●e

3. Vergleiche mit deinem Partner. Begründe die Schreibweise.

Eine Bildergeschichte schreiben

S. 134

1. Schau die Bilder genau an. Was geschieht?
2. Wie könnte die Geschichte weitergehen? Male ein Bild in das letzte Kästchen.
3. Finde eine passende Überschrift.

4

4. Schreibe die Geschichte mit der Überschrift in dein Heft.
   Die Wörter unter den Bildern helfen dir dabei.
5. Sprecht in der Klasse über eure Geschichten.

Einen Text überarbeiten: Wortfeld „sagen“

S. 143

1. Lies den Text.

2. Schreibe in jede Lücke das passende Verb.

Der Schiffsjunge ______:

Haben wir endlich die Schatzinsel gefunden?

Kapitän Holzbein ______: Geduld, Geduld, mein Sohn.

Der Papagei ______: Geduld, Geduld!

Da wird Kapitän Holzbein wütend und ______:

Halt endlich deinen Schnabel!

Nun ______ er den Piraten: Alles fertig machen!

Wir gehen gleich vor Anker!

Deshalb ______ der Bootsmann: Holt die Segel ein!

3. Vergleiche die Lösung mit deinem Partner.

4. Finde weitere Verben, die du für sagen einsetzen kannst.

______

______

5. Wer hat die meisten Verben gefunden?

Wörter mit h vor l, m, n, r

S. 144, 145

Die Piraten wollen wissen, wo der Schatz versteckt ist.
Sie folgen den einsilbigen Wörtern mit dem stummen h.

1. Zeichne den Weg der Piraten ein. Kreuze das Versteck an.

Der Schatz ist ☐ unter der Palme versteckt. ☐ in der Höhle versteckt.
☐ zwischen den Felsen versteckt.

2. Auf welche Buchstaben enden die einsilbigen Wörter mit dem stummen h?

3. Schreibe die Nomen mit dem stummen h in der Einzahl und Mehrzahl auf.

4. Schreibe zu jedem Nomen mit dem stummen h einen Satz.

Ausschneideblatt zu Seite 62

1. Schneide an der gestrichelten Linie durch.
2. Schneide dann die Bilder einzeln aus.

Ausschneideblatt zu Seite 41

1. Schneide an der gestrichelten Linie durch.

2. Schneide dann die Bilder einzeln aus.